COMITÉ EXÉCUTIF

DU

Parti républicain, radical et radical-socialiste.

PREMIER CONGRÈS

DU PARTI RÉPUBLICAIN

RADICAL ET RADICAL-SOCIALISTE

AU SIÈGE DU COMITÉ

62, rue Tiquetonne, 62

PARIS

SOMMAIRE

COMPTE RENDU DU CONGRÈS

Le Comité d'Action pour les Réformes Républicaines, siégeant à Paris, 62, rue Tiquetonne, a pris l'initiative du Congrès du parti républicain, radical et radical-socialiste, qui s'est tenu à Paris les 21, 22 et 23 juin 1901, et l'a convoqué et organisé avec le concours de MM. René Goblet, Henri Brisson et Léon Bourgeois, anciens Présidents du Conseil des Ministres.

Circulaire du Comité d'Action.

Le 18 juin, la Commission d'organisation du Congrès a adressé aux adhérents la circulaire suivante qui précise le but et l'ordre des travaux du Congrès :

Paris, 18 juin 1901.

Cher Citoyen,

Le Congrès dont nous avons pris l'initiative a un profond retentissement dans la France Républicaine. Toutes les fractions de notre parti ont répondu à notre appel. L'adhésion de nos amis des groupes parlementaires du Sénat et de la Chambre les Députés, la désignation de plus de 1,000 délégués par Comités et Associations dans tous les départements nous permettront d'apporter au Congrès la manifestation solennelle de l'union de toutes les forces républicaines que nous opposerons demain à la coalition de toutes les forces réactionnaires.

A la veille de notre réunion, il convient de définir très nettement l'objet du Congrès, les limites dans lesquelles doit s'exercer son action, et le but qu'il doit atteindre.

Convoqué en vue de former le faisceau de nos forces pour la campagne électorale de 1902, il écartera en face de l'ennemi commun tout ce qui peut diviser les républicains et, selon la formule du *Comité d'Action*, le Congrès ne connaîtra pas d'ennemis à gauche.

Il affirmera la discipline rigoureuse et la forte tactique qui ont permis aux républicains du Parlement de déjouer les complots dirigés contre la République, de paralyser ses ennemis et de voter enfin des lois démocratiques.

Les délibérations du Congrès ne porteront pas sur l'établissement d'un programme nouveau. Notre programme est connu. Il a été fixé par nos pères et trop souvent affirmé par le sacrifice de leur liberté et de leur sang pour que nous ayions à le reprendre aujourd'hui.

Chaque groupe dans le Congrès conservera son autonomie, chaque individualité, son indépendance. Nous ne voulons pas faire une œuvre de nivellement qui amoindrirait les uns sans grandir les autres. Le Congrès ne voudra pas surtout répondre à l'attente secrète de nos adversaires qui escomptent déjà des divisions parmi nous.

Notre Congrès ne sera pas un concile, nous ne réveillerons pas Byzance par des querelles de mots, nous nous affirmerons comme le Congrès de la Défense Républicaine et de l'Action Laïque, Démocratique et Sociale. Nous ferons appel au pays pour cette action : l'Action Laïque contre le cléricalisme, l'Action Démocratique contre la dictature, l'Action Sociale contre la misère.

Le mandat supérieur du Congrès est de fonder une organisation électorale puissante qui restera après lui l'exécutrice de ses volontés. Cette organisation permanente sera la gardienne vigilante des intérêts de la République.

Cette organisation devra centraliser les moyens d'action et de propagande et agir sans se substituer aux Comités d'arrondissement ou aux Fédérations régionales qui seraient créées en vue de répondre plus directement aux aspirations et aux tempéraments locaux. Elle sera à la disposition de tous sans s'imposer à aucun. Vous l'investirez de l'autorité morale nécessaire pour faire respecter la discipline républicaine, dénoncer les candidatures équivoques et vous représenter auprès des autres partis politiques organisés.

Nous n'avons pas à intervenir dans les travaux que la législature actuelle poursuit d'accord avec le Gouvernement. Toutefois, après l'expérience que nous avons faite, trop souvent, des abus, des fraudes, des corruptions dont le Suffrage Universel est l'objet, vous examinerez s'il n'y aurait pas lieu de réclamer du législateur, avant les élections générales, les mesures urgentes de nature à garantir la liberté et le secret du vote, la moralité électorale, la punition de la fraude et à enrayer la puissance de l'argent.

Au début de vos travaux, après avoir procédé à la vérification de vos pouvoirs, nous vous demanderons de nommer une Commission qui sera chargée de préparer l'ordre des travaux du Congrès et de soumettre à votre approbation les résolutions générales que vous aurez à prendre pour réaliser l'entente qui doit réunir toutes les fractions de notre parti dans une action commune.

Telle est, cher Citoyen, l'œuvre d'union qu'il appartient au Congrès de réaliser.

LE COMITÉ D'ACTION.

Présidence de MM. MESUREUR *et* GOBLET.

Le dépôt des mandats des délégués a été fait et la vérification des pouvoirs préparée dans la matinée.

A 2 heures du soir, la commission d'organisation constate qu'ont adhéré au Congrès : 78 sénateurs, 201 députés, 476 comités, 155 loges maçonniques, 849 conseillers généraux et d'arrondissement, maires et délégués des municipalités, et des comités, loges et associations, et 215 journaux républicains, radicaux et radicaux-socialistes.

1,132 délégués sont présents à l'ouverture de la séance.

M. Mesureur, président du Comité d'Action pour les Réformes Républicaines, vice-président de la Chambre des députés, prend place au fauteuil de la présidence. Il est entouré de nombreux sénateurs et députés et des membres de la commission d'organisation du Congrès.

A 2 heures 1/4, M. Mesureur ouvre la séance et s'exprime en ces termes :

Discours de M. MESUREUR,

Vice-président de la Chambre des Députés, ancien Ministre du Commerce.

«Citoyens, au nom du Comité d'Action, qui a pris l'initiative de la réunion de ce Congrès, permettez-moi de souhaiter la bienvenue à tous ceux qui ont répondu à notre appel,

ux membres des groupes radicaux et radicaux-socialistes
u Parlement qui, à la presque unanimité, se sont joints à
ous et viennent ainsi se rapprocher des délégués de la
émocratie française pour collaborer avec eux à l'œuvre
'union à laquelle nous vous avons conviés (*Applaudissements.*), aux délégués de nos groupes, de nos associations,
e nos comités, et, particulièrement, à ceux de la province
qui n'ont pas hésité à venir à Paris apporter l'expression
éelle, vivante, en quelque sorte, de la pensée de ceux qui
es entourent et dont ils sont les mandataires. Nous avons
onc ici, nous pouvons le dire, la représentation aussi
exacte que possible de cette grande et belle France républicaine à laquelle nous allons faire appel pour le dernier
ombat, pour la bataille définitive que nous allons livrer à
os adversaires. (*Vifs applaudissements.*)

« Vous me permettrez bien aussi, avant de céder la place
au président que vous allez nommer, de remercier ceux
ont le concours a permis au Comité d'Action de vous con-
voquer avec l'autorité nécessaire, ceux qui devaient
nspirer une confiance entière au pays et lui montrer que
notre œuvre était à la fois utile et sérieuse. Permettez-moi
onc, au nom du Comité d'Action, d'adresser notre salut à
M. René Goblet que les erreurs, sinon les injustices, du
uffrage universel parisien ont éloigné un moment de la
olitique, mais qui est resté le défenseur ardent et toujours
ctif des idées démocratiques. (*Longs applaudissements.
Mouvement prolongé.*)

« Remercions aussi M. Brisson (*Nouveaux applaudissements*). Son nom seul suffit à l'éloge que ce grand citoyen
mérite (*Applaudissements répétés et prolongés*). Je remercie également M. Léon Bourgeois qui a joint son nom à
ceux de MM. Goblet et Brisson (*Nouveaux et vifs applaudissements*).

Nous aurions pu mettre cette belle manifestation républicaine sous le patronage d'un grand nombre d'autres hommes aimés de la démocratie. Pourquoi avons-nous choisi ces trois noms ? C'est parce que, à des heures difficiles, ceux qui les portent ont été les chefs du gouvernement républicain. La République a poursuivi sa route depuis trente années à travers des luttes incessantes contre la réaction. A certaines heures ces hommes ont eu la responsabilité du pouvoir et leurs noms, leurs actes, leurs paroles, la confiance qu'ils inspirent à la démocratie nous paraissent résumer complètement toutes nos aspirations, toutes nos revendications, tout notre besoin d'action et de lutte pour le Progrès ! (*Vive adhésion et applaudissements.*)

Citoyens, nous vous avons exposé, dans une circulaire qui vous a été remise à tous, ce que nous concevions comme l'œuvre primordiale du Congrès. Mais, je me hâte de le dire bien haut, en convoquant le Congrès, nous nous sommes faits simplement les organisateurs matériels de sa réunion ; nous avons procédé à une organisation et à une concentration qui était, nous le croyons, dans les vœux de tous. Nous n'avons obéi à aucune idée préconçue. Le Congrès ici réuni, je n'ai pas besoin de le dire, est souverain. (*Applaudissements.*) Il s'inspirera de la responsabilité qui incombe à un grand parti comme le nôtre et je suis convaincu que la nécessité de l'union, l'esprit de discipline sauront vous inspirer les résolutions les plus sages, celles qui seront de nature à trouver de l'écho dans le pays et dans le suffrage universel (*Assentiment*).

Nous n'avons prévu que les méthodes de travail et d'organisation. Lorsque vous aurez constitué votre bureau, nous vous demanderons de désigner quelques-uns d'entre vous pour terminer le travail préliminaire de la vérification des pouvoirs. Ce n'est là, pour ainsi dire, qu'un travail d'enregistrement, car les protestations sont fort peu nombreuses, et chacun est venu ici avec des pouvoirs réguliers. Cette tâche ne retiendra donc pas longtemps notre attention. La commission pourra apporter, dans le plus bref délai, le résultat de son examen et vous pourrez statuer aussitôt sur les questions qu'elle aura à vous soumettre.

«Nous vous demanderons ensuite, pour couvrir notre responsabilité, de désigner quelques délégués pour vérifier notre comptabilité. Vous n'avez pas hésité et nos comités n'ont pas hésité à s'imposer des sacrifices pour la réunion de ce Congrès. Il est juste et logique que vous vérifiez nos comptes et que vous décidiez ce qu'il conviendra de faire du reliquat disponible.

« Enfin, nous vous demanderons de nommer une grande commission de 60 à 100 membres à laquelle seront renvoyées toutes les propositions et les mandats, les cahiers, les programmes, tout ce qui peut en un mot faire l'objet des délibérations du Congrès. Cette commission vous apportera des résolutions que vous aurez à rendre définitives en les approuvant. Nous n'avons pas à préjuger de ce qu'elle apportera, programme, déclaration, résolutions générales; nous n'en savons rien, c'est à vous qu'il appartiendra de le dire. Cette grande commission pourra, si elle le juge utile, se subdiviser en sous-commissions. Mais nous vous demandons de ne pas procéder à la nomination de commissions multiples afin de ne pas compliquer nos travaux. La commission qui sera la représentation aussi exacte que possible du Congrès se réunira aussitôt nommée, dès ce soir, et, dès demain, soit le matin, soit à deux heures, elle vous présentera ses premières résolutions et donnera ainsi un aliment à nos délibérations.

Si cette méthode de travail obtient votre approbation, — et je suis convaincu qu'elle l'obtiendra parce qu'il n'y a là qu'une méthode qui ne préjuge rien sur le fond des questions. — nous vous demanderons de nommer immédiatement les commissions. (*Assentiment.*)

« Citoyens, j'ai terminé mon œuvre. Le Comité d'Action a eu surtout en vue une œuvre de concorde et d'union ; il a essayé d'écarter tout ce qui pouvait nous diviser et d'écarter surtout les questions de personnes. Cette union vous semblera certainement la condition primordiale du succès de la manifestation que nous faisons aujourd'hui en face du pays tout entier. S'il m'était permis d'évoquer un souvenir, je rappellerais qu'à l'aurore dela Révolution française, — et nous sommes presque à l'aniversaire de ce grand jour, — nos pères se réunissaient pour prêter le serment du Jeu de Paume. Nous vous demanderons de faire un autre serment : de vous rappeler, quelques divergences qui puissent apparaître dans la manière de voir des uns ou des autres, qu'il y a quelque chose de supérieur, qui domine tout, la nécessité de rester unis et d'aboutir d'un commun accord, de faire l'entente qui sera le sûr garant du succès en mai 1902. (*Vifs applaudissements.*)

« Si le Congrès répond aux espérances que toute la démocratie a mises en lui, s'il travaille pour la République sans se soucier des divergences, des diverses écoles, s'il travaille en se rappelant que nous avons toujours déclaré bien haut que nous ne connaissions pas d'ennemis à gauche et qu'à gauche nous ne voulons avoir que des amis avec lesquels nous ne demandons qu'à marcher la main dans la main (*Longs applaudissements.*), il aura donné la meilleure formule pour l'avenir de l'Idée républicaine dans notre pays.

« Le Congrès est avant tout — je le répète, je n'ai dit que ce mot et n'avais pas le droit de dire autre chose — une œuvre d'union entre tous ceux qui défendent la République, ses principes, ses réformes, son idéal. Cet idéal peut varier.

Il en est qui ont peut-être un idéal plus haut, plus inacces-
sible, qui ne sont pas ici. Mais nous disons que, bien
qu'ils ne soient pas ici, c'est avec eux que nous continue-
rons la bataille demain. (*Nouveaux et vifs applaudissements répétés et prolongés.*)

« J'invite maintenant le Congrès à constituer le bureau
de cette séance. »

Par acclamations et à l'unanimité, M. René Goblet,
ancien Président du Conseil des Ministres, est élu président
de la séance de ce jour.

Sont nommés assesseurs : MM. Ranc, Camille Pelletan,
député, Maujan, Robin, adjoint au maire de Lyon, Debierre,
adjoint au maire de Lille.

Sont nommés secrétaires : MM. René Renoult et
L. Bonnet.

M. René Goblet prend alors la parole et prononce le discours suivant :

Discours de M. RENÉ GOBLET,
Ancien Président du Conseil des Ministres.

« Messieurs,

« Je suis profondément touché de la manifestation par
laquelle vous venez de m'appeler à présider la première
séance de ce Congrès. J'y veux voir un témoignage d'estime pour la carrière politique assez longue et assez éprou-
vée que j'ai parcourue ; je n'en pouvais souhaiter une
meilleure récompense et je garderai, croyez-le, le souvenir

le plus reconnaissant du grand honneur que vous me faites aujourd'hui. (*Applaudissements.*)

« Messieurs, je crois être votre fidèle interprète à tous en adressant d'abord nos remerciements au Comité d'Action et à son honorable président M. Mesureur qui ont pris l'initiative de ce Congrès et ont mis tant de dévouement et de zèle à en préparer l'organisation. (*Très bien !*)

« Vous voudrez bien me permettre aussi un mot à titre personnel. Quelques-uns de mes anciens amis m'ont reproché dernièrement, en termes bienveillants d'ailleurs, d'avoir volontairement quitté la vie politique. Cela n'est pas tout à fait exact; ce n'est pas moi qui ai quitté la politique, c'est la politique qui m'a quitté, vous savez comment, aux élections de 1898; et la vérité est que comme cet échec avait été précédé de plusieurs autres, je ne me suis pas senti le goût, à mon âge, d'affronter de nouveau le suffrage universel.

« Mais je ne me désintéresse pas de l'avenir de mon pays et de la République et du succès des idées que j'ai toujours défendues, et c'est pourquoi lorsqu'au nom du Comité d'Action pour les réformes républicaines, on m'a demandé de joindre mon nom à ceux de mes honorables amis, MM. Brisson et Bourgeois, en vue de ce Congrès, j'y ai consenti volontiers. En s'adressant à moi, c'est à l'ancien député radical-socialiste évidemment que l'on faisait appel, et ce ne pouvait être que dans une pensée d'union et de fusion à laquelle je ne pouvais que m'estimer heureux de collaborer. S'il convient, en effet, de laisser la lutte à de plus jeunes et de plus valides, il n'est pas défendu aux anciens de prendre part au conseil quand on le leur demande. C'est à ce titre seul que je suis ici et d'une façon absolument désintéressée, vous le voyez, que je m'adresse à vous.

« Messieurs, le but commun qui nous réunit, c'est le

triomphe de la République aux élections prochaines et l'objet de ce Congrès est de déterminer les meilleurs moyens pour y parvenir. (*Applaudissements*.)

« Vous l'avez vu par la déclaration qui a été publiée et dont vous avez reçu chacun un exemplaire, on ne vous demande pas de formuler un nouveau programme. Notre programme, qui est l'ancien programme républicain, est connu. Il l'est d'autant mieux qu'il n'est presque pas de consultation électorale où l'on n'ait eu à le rappeler, puisque malheureusement il n'a pu être réalisé jusqu'ici que pour une faible part. Et ce programme, pour n'en parler qu'en termes tout à fait généraux, comporte nécessairement des réformes d'ordre politique, économique et social :

« Réformes politiques, car notre système de gouvernement tel que l'a établi la Constitution de 1875, avec les institutions quasi-monarchiques qui nous ont été imposées, et la centralisation oppressive que nous ont léguée l'ancienne monarchie et l'Empire et dont nous ne sommes pas encore parvenus à nous affranchir, n'est guère la République que de nom ;

« Réformes économiques, car il est inadmissible que sous un régime républicain, nous soyons encore soumis à un système fiscal qui pèse plus lourdement sur le travail que sur la richesse acquise, et que nous attendions toujours cet impôt qu'un de ses plus ardents adversaires d'aujourd'hui, qualifiait, il y a trente ans, à l'Assemblée nationale, comme étant « la formule économique de la Démocratie ».

« Réformes sociales enfin, et celles-là doivent incontestablement prendre dans nos préoccupations la première place. Que serait en effet la République si elle se bornait à modifier les institutions politiques du pays et si elle ne comprenait pas qu'en substituant à la suprématie d'une dynastie ou d'une caste la souveraineté du peuple s'exerçant par le suffrage universel, elle a contracté l'engagement d'être le gouvernement de tous et en particulier des masses laborieuses qui, après avoir été dominées et exploitées par les régimes antérieurs, ont droit enfin à l'amélioration réelle et progressive de leur sort. (*Applaudissements.*)

« Et c'est pourquoi un grand nombre de radicaux dont je suis, ajoutent à leur titre celui de socialistes et, tout en repoussant formellement le collectivisme qui est la négation de la propriété individuelle, n'en sont pas moins les adversaires résolus des monopoles capitalistes et les partisans d'une meilleure organisation du travail. (*Bravos.*)

« Messieurs, c'est de ces données générales que devront, à mon sens du moins, s'inspirer de plus en plus, les majorités républicaines.

« On parle beaucoup, on parlera certainement ici de la nécessité de défendre la République. Nous sommes tous d'accord à cet égard. On l'a bien vu à toutes les époques depuis trente ans, et il y a deux ans encore, lors de la crise que nous avons traversée, quand tous les républicains sincères, bien que d'opinion fort différente sur plus d'un point important, se sont trouvés unis autour d'un ministère composé lui-même des éléments les plus divers, ce qui ne les a pas empêchés de le soutenir jusqu'à présent. Certes, il faut défendre la République contre la réaction sous quelque forme qu'elle agisse, contre le cléricalisme qui en a toujours été et qui en demeure le principal inspirateur, contre le Nationalisme qui est la nouvelle étiquette sous laquelle se cachent toutes les oppositions à la République, par un étrange et perfide abus des mots, messieurs, comme si le sentiment national, autrement dit, le patriotisme pouvait être accaparé et exploité par quelques-uns, comme s'il n'était pas au fond du cœur de tous les vrais républicains qui cherchent dans la République la liberté, la grandeur et la prospérité de leur pays! Est-ce que, sous la Révolution, les titres de républicain et de patriote n'étaient pas synonymes? Quant aux républicains d'aujourd'hui, ils ne savent que trop ce que les régimes précédents ont fait de la patrie. (*Salve d'applaudissements.*)

« Mais s'il faut sans hésitation s'unir pour défendre la République contre les assauts dont elle peut être menacée, pouvons-nous admettre cependant qu'après trente années de possession, elle en soit encore réduite à la défensive? Sans doute, au cours de ces trente années, la République a été constamment attaquée par ses incorrigibles adversaires. Même après la grande victoire remportée sur le 16 mai, elle l'a été par les monarchistes aux élections de 1885, par le Boulangisme en 1889, comme elle l'est aujourd'hui par le Nationalisme qui n'est qu'une façon nouvelle de Boulangisme. Mais pourquoi ces attaques se renouvellent-elles incessamment, pourquoi la République après trente ans, durée que n'a connue aucune monarchie en ce siècle, n'apparaît-elle pas aux yeux des adversaires eux-mêmes comme indestructiblement fondée dans le cœur de la grande majorité du pays, et pourquoi ces adversaires, au lieu de se sentir découragés par tant de défaites, semblent-ils toujours prêts à recommencer la lutte?

« Reconnaissons-le, Messieurs, du moins tel est mon sentiment que je n'exprime pas ici pour la première fois, c'est que la République n'a pas fait son œuvre, celle que l'on attendait, ou qu'elle ne l'a réalisée que dans une trop faible mesure. Ce que la réaction exploite, c'est la déception causée par l'insuffisance des résultats obtenus, disons le mot, c'est le mécontentement d'une partie de l'opinion. Le mécontentement a fait les élections de 1885, il a fait la force apparente et précaire, heureusement, du Boulangisme, comme il fait aujourd'hui la force passagère aussi, je n'en doute pas, mais inquiétante pourtant, du Nationalisme. Et dès lors le moyen de lutter efficacement contre ce danger, vous le voyez. (*Bravos.*)

« Le ministère actuel lui-même, né d'une crise dont je ne méconnais pas la gravité, et qui lui a survécu, a compris que la crise franchie et l'assaut repoussé, il ne lui suffirait plus de se borner à la défense matérielle de la République et qu'il ne pouvait se maintenir au pouvoir qu'en entrant dans l'action républicaine. Et comment a-t-il entendu cette action ? Il a abordé certaines des réformes du programme républicain, il a présenté des projets que je ne veux ni juger ni discuter, ce n'est pas ici le lieu ; mais enfin, ces projets, il est en voie de les faire aboutir. Il a su agir et persévérer, grouper autour de lui une majorité qui l'a soutenu jusqu'au bout dans son œuvre. C'est un exemple qu'il faudra suivre. (*Applaudissements.*)

« La Chambre prochaine, je l'espère fermement, saura en profiter. A son tour elle voudra accomplir, non pas tout le programme républicain assurément, il y en a encore, je le pense bien, pour plus d'une législature, mais une partie au moins de ce programme, et mener à bonne fin les réformes les plus urgentes.

« Cela dépend du suffrage universel, des fractions les plus agissantes et les plus résolues de ce suffrage, de vous par conséquent, Messieurs, qui en êtes les représentants autorisés.

« Permettez-moi de vous féliciter, en terminant, de l'empressement avec lequel vous avez répondu à l'appel du Comité d'Action. C'est un grand et réconfortant spectacle que celui d'aussi nombreux délégués venant de toutes les régions de la France pour s'entendre sur les conditions de la lutte décisive qui va s'engager. C'est la première fois, je pense, qu'il nous est offert ; il est de nature à nous faire concevoir les plus fortes espérances. Ceux qui ont osé dire imprudemment que le parti radical et radical-socialiste était mort, peuvent s'apercevoir combien ils se trompaient; ils le verront mieux encore, j'espère, au résultat des élections. J'ai toujours pensé, pour ma part, que nos idées et nos doctrines étaient celles de la grande majorité du pays. La manifestation d'aujourd'hui me confirme dans cette confiance. (*Très bien.*)

« La déclaration vous a dit ce qu'on attend du Congrès. Mais ne croyez pas, Messieurs, que votre tâche finisse avec cette réunion. Ceci n'est qu'un commencement et comme une sorte de revue d'inspection avant l'entrée en campagne. Il vous restera fort à faire en revenant dans vos départements, à vous mettre plus étroitement encore en rapport avec vos comités, à en créer là où ils manquent, à organiser partout l'action électorale et à la préparer par votre propagande personnelle auprès des électeurs.

« Dites-leur bien que la République est désormais le seul gouvernement possible dans ce pays, parce qu'il est le seul compatible avec le libre suffrage universel que d'autres régimes ne pourraient supporter, mais qu'ils devraient forcément supprimer ou corrompre. (*Applaudissements.*)

« Dites-leur que si la République n'a pas encore justifié toutes les espérances qu'elle avait fait naître, elle a l'avenir devant elle, qu'elle seule peut et doit les réaliser parce que c'est là sa raison d'être et qu'il leur appartient à eux, en définitive, de lui en fournir les moyens en envoyant dans les Chambres des représentants franchement animés de l'esprit de réforme et de progrès. (*Nouveaux applaudissements.*)

« Voilà, Messieurs, ce que j'avais à vous dire. Mon rôle se borne là, le vôtre commence. Ainsi que je le disais, vous représentez ici dans la mesure des mandats qui vous ont été confiés, le Souverain, c'est-à-dire le Suffrage universel. C'est à vous de nous dire ce qu'il réclame et dans quelles conditions il veut aller aux élections. Il ne me reste à moi qu'à former le vœu bien sincère que ces élections amènent à la prochaine Chambre une majorité plus forte et, s'il se peut, plus homogène, capable de tirer de son sein un gouvernement intimement uni avec elle et de marcher ainsi plus avant et plus résolument dans la voie réformatrice où l'on est entré. Vive la République ! » (*Applaudissements prolongés et acclamations unanimes.*)

Adhésions, adresses et commissions.

De nombreux sénateurs, députés, conseillers généraux et d'arrondissement, maires ou délégués des municipalités, de comités, loges maçonniques et associations diverses s'excusent, les uns de ne pouvoir assister à la séance, les autres d'être empêchés de se rendre au Congrès et déclarent en accepter les résolutions.

Lecture est donnée de télégrammes de conseils municipaux réunis hors séance et de comités qui envoient leurs satutations fraternelles aux membres du Congrès.

Après avoir désigné les membres de la commission de comptabilité et de la commission de vérification des pouvoirs, le Congrès nomme la commission chargée d'examiner les motions, vœux et résolutions déposés par les délégués et de présenter un projet d'organisation du parti.

Cette commission est composée de 1 délégué par département pour la France et les colonies et de 6 délégués pour Paris et la Seine.

Un certain nombre de déclarations sont faites tandis qu'on fait l'appel des départements.

Pendant la nomination de cette commission, M. René Goblet, fatigué par la chaleur, a prié M. Maujan, vice-président, de le remplacer au fauteuil présidentiel.

La séance est levée à 6 heures du soir.

Un certain nombre de déclarations sont faites tandis qu'on fait l'appel des départements.

Pendant la nomination de cette commission, M. René Goblet, fatigué par la chaleur, a prié M. Maujan, vice-président,

Séance du samedi 22 juin.

Présidence de M. Henri Brisson.

La séance est ouverte à deux heures un quart sous la présidence de M. Maujan.

M. Henri Brisson, ancien Président de la Chambre des Députés, ancien Président du Conseil des Ministres, est désigné, à l'unanimité et par acclamations, président de la séance.

Sont nommés assesseurs : MM. Maurice Faure, vice-président de la Chambre, Isambert, député, Estier (de Marseille) et Huc (de Toulouse).

MM. René Renoult et L. Bonnet sont maintenus dans les fonctions de secrétaires.

M. Henri Brisson prononce le discours suivant :

———

Discours de M. HENRI BRISSON,

Ancien Président de la Chambre des Députés,
Ancien Président du Conseil des Ministres.

« Citoyens, mes chers Collègues,

« Je vous remercie d'avoir bien voulu me désigner pour présider la deuxième séance de ce Congrès des démocrates français. Je vous remercie de cette marque d'estime, je vous remercie également des marques de sympathie que vous m'avez prodiguées hier et qui ne sortiront jamais de mon souvenir. (*Applaudissements.*)

« Si j'avais — et ne redoutez pas que je me laisse aller à ce mouvement — si j'avais à ajouter quelques paroles aux excellents discours que vous avez entendus hier, je serais peut-être tenté, à cause de mon âge qui interdit, au moins pour soi-même, les longues perspectives et la multiplicité des œuvres, je serais peut-être tenté de m'appliquer, sinon de vous appliquer cet adage, bien connu du sage : « Concentrez-vous, ne vous dispersez pas! » (*Sourires et applaudissements.*) et je rappellerais que, suivant moi et aussi, je pense, suivant un grand nombre d'entre vous, ce sur quoi nous devons avant tout nous concentrer, c'est la lutte contre la Congrégation. (*Vifs applaudissements.*)

« Le lieu m'y invite : je ne puis pas oublier que, dans cette salle de l'Hôtel des Sociétés savantes, il y a quelques semaines, sous la présidence d'un général et d'un amiral en retraite, se tenait une réunion provoquée pour agir contre une confession religieuse et qui s'est terminée au cri de « Vive la Saint-Barthélemy! » (*Exclamations et mouvements.*)

« Un délégué, *ironiquement.* — Ces protestants, il faudrait les envoyer à Cayenne.

« M. le Président. — C'est là un exemple frappant et à retenir de ce nationalisme aigu qui prétend confondre le patriotisme avec un dogme et exclure de la France, exclure de la patrie ceux qui se rattachent soit à d'autres dogmes, soit plus simplement aux données de la raison indépendante. (*Longs applaudissements.*)

« C'est un exemple aussi de ce chauvinisme provocant qui agite sur le pays, tantôt les menaces de la guerre étrangère, tantôt les torches de la guerre civile et religieuse. (*Nouveaux applaudissements.*)

Parti de violence.

« Quand je pense que c'est nous que M. Méline accuse de vouloir la guerre religieuse (*Cris :* À bas Méline!) à cause de cette loi sur les associations et contre les congrégations que nous avons enfin votée! Et quand je pense que, visiblement, ce nationalisme dont je viens de montrer les desseins ne redouterait pas de les réaliser au besoin par la violence, comme nous l'ont révélé les récents incidents entre M. Déroulède et M. Buffet, et les déclarations de M. Vaugeois, secrétaire général de la *Patrie française.* (*Assentiment unanime et applaudissements.*)

« C'est à la violence qu'ils font appel : c'est à la violence qu'ils ont fait appel à la caserne de Reuilly le 23 février 1899, au fort Chabrol, et lors de l'indigne agression d'Auteuil.

« J'ai le droit de dire que ceux-là seuls méditent la guerre civile et que nous, nous sommes réunis par le souci de la paix publique et par le dessein de rétablir dans ce pays l'unité morale entre tous ses fils. (*Applaudissements.*)

« Par la loi sur les associations et la loi sur les retraites ouvrières qui se discutent en même temps, l'une au Sénat, l'autre à la Chambre des députés, nous sommes au plein de cette action laïque, démocratique et sociale dont vous parle le manifeste du Comité d'Action. (*Vive adhésion.*) C'est cette union, faite non pas seulement dans le Parlement, mais faite déjà dans le pays, c'est cette union qu'il s'agit de ne pas troubler, qu'il faut au contraire cimenter, surtout à la veille des élections générales pour la nomination d'une nouvelle Chambre des députés. (*Applaudissements.*)

Les élections.

« N'oublions pas, — car les paroles échappées à nos adversaires doivent nous servir de leçon, et la leçon est excellente, — n'oublions pas cette parole des Assomptionnistes qui disent, dans les millions de petites brochures qu'ils répandent sur tout le territoire, que les élections c'est l'**ŒUVRE DES ŒUVRES**. Et, en effet, ce qu'ils espèrent par les élections, c'est mettre la main sur le gouvernement, c'est-à-dire **SUR LE MANIEMENT DE LA FORCE PUBLIQUE** dont nous savons, par leur passé le plus récent, ce qu'ils seraient résolus à faire. (*Applaudissements répétés.*)

« Il s'agit donc de repousser victorieusement cet assaut clérical, royaliste, nationaliste, césarien, méliniste. (*Nouveaux applaudissements.*) Et j'ai bien le droit d'ajouter cette dernière épithète aux autres, car au lendemain du discours de Remiremont, l'*Univers*, c'est-à-dire l'ancien journal de Louis Veuillot, l'écrivain clérical que vous connaissez, devenu le journal de MM. Pierre et François Veuillot, héritiers de sa pensée, de son nom et de sa célébrité, disait : « Nous sommes décidés, lors des élections prochaines, à marcher avec M. Méline ». (*Exclamations.*)

La lutte commence.

« L'union de nos adversaires commande la nôtre. Ce serait une grande faute de dire que, parce que la loi sur les associations est achevée ou presque achevée, la tâche est accomplie à ce point de vue. Elle n'est que commencée. La lutte contre la Congrégation sera de durée ; il faudra, pour la poursuivre, un gouvernement résolu, appuyé sur une majorité également résolue et fidèle. (*Vifs applaudissements.*) Résolue, car de tous les récents incidents qui nous éclairent si vivement, je n'ai rappelé que celui qui s'est passé dans cette salle. Mais j'aurais pu citer aussi ce dominicain qui, dans un auditoire de jeunes élèves, faisait appel à la force devant le généralissime des armées françaises (*Longs applaudissements.*), j'aurais pu rappeler ce général qui, devant les élèves d'un collège de Jésuites, faisait l'éloge des émigrés de Quiberon qui cherchaient à poignarder la France dans le dos, comme l'a dit le plus illustre de nos historiens. (*Applaudissements prolongés.*)

« A la loi des associations doivent succéder les mesures destinées à enlever à ces dominicains, à ces jésuites, à ces eudistes, à ces maristes (*Vifs applaudissements.*) l'enseignement d'une trop grande partie de la jeunesse française. C'est seulement ainsi que nous pourrons rétablir l'unité morale dans ce pays. Et, à M. Méline disant que la France va être appelée à choisir entre la République jacobine et la République libérale, opposons cette réponse : « La France va être appelée à choisir entre les candidats de la République et **LES CANDIDATS DES JÉSUITES** ». (*Triple salve d'applaudissements répétés et prolongés. — Longue acclamation et cris : « Vive Brisson ! »*)

« Vive la République ! » (*Nouvelles salves d'applaudissements et cris : « Vive la République ! »*)

Un nouveau ban salue l'orateur et la conclusion de son discours.

Vérification des pouvoirs.

A l'unanimité, le Congrès approuve les conclusions du rapport de M. Gustave Lefèvre, au nom de la commission de vérification des pouvoirs, tendant à exclure du Congrès : 1º les délégués de l'Association républicaine radicale de la Gironde et des comités cantonaux y adhérents, comme ayant conclu le pacte de Bordeaux avec les royalistes et les cléricaux ; 2º le délégué du Cercle républicain socialiste indépendant de Bollène (Vaucluse), qui a soutenu à Paris un candidat nationaliste et a été patronné par ce dernier ; et à déclarer tous les autres mandats vérifiés, les délégués admis et le Congrès régulièrement constitué.

Rapport de M. HUBBARD, député.

Au nom de la commission d'organisation du parti, M. Hubbard, député, rapporteur, s'exprime en ces termes :

Citoyens, le Congrès va maintenant aborder l'ordre d'idées le plus pratique, mais le plus nécessaire, je veux dire l'organisation du parti. Vous comprendrez que, quel qu'eût été le désir du rapporteur de vous apporter un travail écrit et rédigé complètement, le court espace de temps imparti à la commission ne l'a pas permis ; ce travail n'eût pas été assez complet s'il avait été entièrement rédigé ; j'ai donc arrêté les termes des conclusions prises d'accord avec la commission d'organisation et approuvées à l'unanimité sans aucune divergence d'opinion.

Avant de procéder à la lecture de ces résolutions je vous demande la permission de vous rapporter verbalement le travail de la commission et de faire le rapport sur les propositions émanées de l'initiative individuelle de chacun des membres du Congrès. C'est un des premiers résultats que nous avons acquis par l'organisation même du Congrès que, spontanément, un très grand nombre de comités se sont ingéniés à préparer ces solutions si délicates de la question d'organisation du parti et que nous avons trouvé dans les communications émanées des membres de l'assemblée des éléments pour résoudre les difficultés.

La commission que vous avez nommée — et à la suite de quelles difficultés — dans la séance d'hier représente l'ensemble de la France, et très heureusement elle contient le plus grand nombre de ceux qui étaient en mesure d'apporter la contribution de leur expérience et de leurs travaux antérieurs.

Aussi, quand nous nous sommes réunis — et nous nous sommes réunis sans désemparer, sans remettre au lendemain, dès hier soir, à neuf heures, et nous avons siégé jusqu'à une heure avancée de la nuit...

M. LE PRÉSIDENT. — Jusqu'à une heure avancée du matin ! (*Sourires.*)

M. LE RAPPORTEUR. — ... nous avons remis au point les travaux qui nous étaient apportés.

Je n'ai à vous entretenir que de l'organisation du parti. Les questions qui touchent à la déclaration, aux principes, aux programmes, viendront ultérieurement. Nos amis Bourgeois, Pelletan, Maujan y travaillent.

Organisation du parti.

La commission s'est constituée sous la présidence du citoyen Brisson ; elle a nommé vice-présidents les citoyens Pelletan et Bourgeois, secrétaires les citoyens René Renoult et A. Sarraut.

La sous-commission qui a siégé ce matin à neuf heures a été présidée par le citoyen Mesureur, elle a choisi comme rapporteurs les citoyens Hubbard et René Renoult.

Nous nous sommes trouvés en présence de la question de savoir si nous pouvions vous apporter une constitution, des statuts très complets, très bien étudiés, de manière à donner une charte définitive au Parti, si nous pouvions vous donner en même temps des indications pour la constitution de cet organe que tout le monde attend, de ce Comité central qui doit sortir de nos délibérations.

En ce qui concerne la rédaction d'une constitution et de

statuts, à la constitution, difficultés que j'indiquais tout à l'heure
La décision à prendre, c'est qu'il y aura un comité, c'est d'indi-
quer les pouvoirs généraux de ce comité, son titre, son appella-
tion, les grandes lignes qu'il aura à suivre, quelles seront les
personnes qui le composeront.

Et alors, une fois la décision prise pour le Congrès annuel,
pour le comité exécutif, il reste la question des voies et moyens,
des cotisations, du fonctionnement, de l'emploi des fonds du
parti, des relations entre le Comité central et le secrétariat administratif qui sera constitué par l'ensemble des groupes pour la
préparation du Congrès.

Voilà l'analyse très succincte des propositions préparées par le
citoyen Dron et nos admirables sociétés du Nord, de Marseille,
de Lyon, de Seine-et-Oise.

Je vais maintenant examiner les décisions elles-mêmes.

Permettez-moi, en ma qualité de rapporteur, au nom de
l'unanimité de la commission, de vous exposer les difficultés
que nous avons rencontrées, quand nous avons voulu préciser
ces résolutions.

Sur chacune d'elles, si nous voulons être un Sénat de juris-
consultes, corriger toutes les phrases, toutes les épithètes, pré-
voir tous les cas contentieux, faire une besogne très artiste de
constituants, nous n'en sortirons pas ; il ne suffira pas de la
nuit, ni même de la séance de demain, et nous sentons combien
nous avons besoin d'aller vite. Et puis, vous aurez une discussion
capitale demain sur les questions de principes, sur le rapport du
citoyen René Renoult, en ce qui concerne la tactique électorale,
la mise en œuvre du comité directeur qui sera constitué.

Donc, je vous en supplie, représentez-vous que ces six décisions,
ce sont presque six motions de confiance pour les hommes qui
sont à la tête du parti et qui siègent dans la commission. Je
supplie les congressistes de bien comprendre que les décisions
que nous allons leur demander de prendre ne relèvent d'aucune
idée d'amour-propre personnel, mais sont le moyen le plus court
pour aller à la bataille et ne pas nous perdre dans les formations
de combat, dans la mobilisation.

statuts, les auteurs mêmes des propositions qui nous ont été envoyées ont bien senti que ce n'était pas dans ce travail de formation, nous pourrions presque dire d'improvisation, du grand parti radical et radical-socialiste, qu'il était possible de le faire. C'est une besogne, d'ailleurs, pour laquelle vous êtes peut-être insuffisamment mandatés, qui a besoin d'être revue dans l'intérieur des groupes, comités et loges. Nous ne pouvons pas présenter de statuts numérotés avec sections et chapitres. Il faut prendre des mesures de combat, des mesures pratiques, il faut instituer l'organe de bataille de la façon la plus nette, la plus précise, la plus concise possible. Il faut passer aux actes, car, on l'a dit hier bien des fois, ce sont des actes que vous voulez ! (*Vifs applaudissements.*)

Cependant il était possible, dans les six décisions de principe qui vont vous être soumises, — et nous croyons y avoir réussi, — de dégager les points principaux de cette constitution qui sera adoptée ultérieurement dans le congrès prochain. Il est certain que, le parti radical et radical-socialiste français s'étant constitué avec cet enthousiasme, cet entrain, cet ensemble, ce développement de sacrifices et de bonnes volontés que vous représentez, c'est une œuvre définitive qu'il ne faut pas laisser péricliter, qui doit subsister.

Le Congrès que nous tenons n'est donc pas un congrès extraordinaire, un meeting, une convention passagère ; c'est le premier Congrès du parti radical et radical-socialiste. Il est donc entendu que, l'année prochaine, aura lieu le second et ainsi de suite, que le parti se constituera en marchant.

Voilà le premier point, voici le second. Tout le monde entend que, derrière l'Assemblée constituante que vous formez en ce moment, une fois que vous serez retournés dans vos départements pour y donner une impulsion nouvelle à vos groupes, il doit rester un comité d'action, un comité exécutif pour vous représenter ; il faut le former, lui donner des pouvoirs, être sûrs de son action.

Là encore nous ne pouvons pas arrêter, en détail, à l'heure actuelle, la composition, le mode de formation et d'action de ce comité, nous rentrerions dans toutes les difficultés relatives aux

Le second Congrès.

Il y aura un second Congrès du parti radical et radical-socialiste l'année prochaine, c'est entendu. Il sera organisé d'une façon plus régulière, plus nette, plus précise, nous pourrons travailler avec plus de méthode et de soin puisque nous serons vraiment constitués. Quand le tiendrons-nous? Où? voilà les deux questions qui sont posées et sur lesquelles il y avait diverses propositions. Où?

Une voix : A Paris !

M. LE RAPPORTEUR. — Ne faites pas déjà des amendements par voie d'interruptions, notez plutôt les idées qui vous viennent et envoyez-les au bureau. Je vous supplie de me laisser faire l'exposé complet.

Je disais qu'en ce qui concerne la ville où se tiendra le prochain Congrès, une proposition a été déposée hier sur le bureau de l'assemblée, une seconde a été communiquée ce matin à la sous-commission. Toutes deux émanent de ces grandes et admirables villes républicaines de France qui ne veulent pas que ce soit toujours à Paris que se fasse la concentration de tous les éléments du parti, qui désirent que le noyau, la force du parti républicain radical et radical-socialiste parcoure successivement toute la France et détermine les moyens d'action dans les diverses régions.

Je crois que le Congrès, y compris les délégués de Paris, sera unanime sur ce point. Les délégués de Paris pourront ainsi fraterniser avec les camarades de province.

Ici une difficulté. On fera assaut de politesses, comme, à la fin d'un congrès de savants, quand il s'agit de savoir si le prochain congrès se tiendra à Stockholm ou à Rome. Dans ce cas, le premier qui s'offre a un droit presque irrésistible : celui du premier offrant, c'est un peu ce droit que nous avons respecté. Il y avait deux villes possibles, tout le monde le comprend. Vous savez qu'il y a une question de recensement qui n'est pas tranchée, et il ne faut pas que les villes intéressées puissent croire que nous prenons parti dans cette question. (*Sourires.*)

A Lyon.

La ville de Lyon a déposé son invitation hier, la ville de Marseille, ce matin. La ville de Lyon est plus centrale, elle pourra avoir un rayonnement électoral plus grand. La région marseillaise et provençale, avec la netteté et la clarté du soleil qui l'illumine, a, depuis de longues années, dans son bon sens, accepté l'opinion républicaine et radicale. Il est, je crois, bien inutile de démontrer qu'à Lyon, où il y a une excellente municipalité, où nous comptons parmi les adjoints des amis si dévoués, où paraît un de nos grands organes, le *Progrès*, qui fait le rassemblement de nos forces, qu'à Lyon qui est aux portes de la Savoie, de la vallée de la Loire, de la région de Saint-Etienne, régions si importantes pour la vitalité du parti démocratique, il y avait un centre tout désigné : c'est là qu'il faut frapper un second grand coup. Marseille ne nous en voudra donc pas si nous déclarons que c'est à Lyon qu'aura lieu le prochain Congrès.

Maintenant, la date. Ici encore, je vous en prie, pas de préjugé, de présomption. Votre propre rapporteur, après avoir été d'un avis, s'est, après examen, rangé à l'opinion différente, et d'une façon complète. Il y a deux propositions que tout le monde devine : l'une, qui figure parmi les motions remises au bureau, a pour objet la réunion du Congrès avant les élections, soit au mois d'avril...

PLUSIEURS VOIX. — Oui !

M. LE RAPPORTEUR. — Moi aussi j'ai dit : Oui, d'abord, parce que je suis trop heureux du Congrès actuel pour ne pas le voir recommencer le plus tôt possible dans des conditions aussi belles.

Examinons donc cette proposition. Avant les élections, c'est-à-dire dans la dernière fièvre de la période de préparation électorale, c'est-à-dire non pas dans le mois qui précédera les élections, vous n'auriez pas un candidat, ils seront tous sur les chemins, mais deux mois avant les élections, en mars ou en février.

On avait parlé de février. Il y a là une idée séduisante ; on ferait coïncider la réunion du Congrès avec l'anniversaire de la fondation de la République. Mais ce sera avant les élections. Ne craignez-vous pas que nous nous trouvions en présence de préoccupations beaucoup trop dispersées? Nous allons faire la convergence des efforts sur une déclaration de principe, nous l'avons faite sur la constitution du parti, c'est un résultat acquis, atteint. Déjà la réaction fronce les sourcils, reconnaît tout le danger que présente pour elle cette assemblée générale des républicains.

Allons-nous de nouveau, pour cette grande partie, risquer de frôler les difficultés que nous avons traversées, et ne vaut-il pas mieux qu'à ce moment les résultats du travail que vous aurez fait, que votre comité exécutif aura fait, se développent dans les arrondissements, dans les circonscriptions avec le concours de cette majorité définitive que saluaient nos amis Goblet et Brisson? Tandis que, si vous réunissez le Congrès après les élections, vous l'aborderez avec le même bonheur qu'aujourd'hui vous abordez les difficultés préalables aux élections. Vous donnerez ces statuts, cette charte définitive dont je parlais, que nous n'avons que préparée ; d'autre part, vous réunissant après les élections, soit dans le courant de l'été, soit plutôt un peu avant la rentrée parlementaire d'octobre, n'ayant plus à vous occuper de la lutte électorale, de la conquête des siéges législatifs, que, je l'espère, vous aurez conquis, vous vous occuperez de l'action parlementaire, de l'impulsion à donner aux représentants élus et au gouvernement. (*Assentiment.*)

Voilà pourquoi, tout le monde l'a déjà compris, la commission a conclu à ce que le Congrès ait lieu à Lyon, mais après les élections, de façon que le Comité exécutif qui, par la correspondance, sera en contact avec tous, ait le temps de recueillir vos opinions, vos délibérations, les ait mûries d'accord avec vos Comités, afin que vous soyez en mesure de procéder à ce second congrès dans d'excellentes conditions.

Le Comité exécutif.

Je passe à la question du Comité exécutif.

Ce matin, la sous-commission était composée des citoyens Mesureur, président, Baudon, vice-président, Renoult et Hubbard, rapporteurs, et d'autres citoyens dévoués. Ces noms suffisent auprès de ceux qui sont au courant des batailles électorales, pour montrer la très intime et très étroite cohésion qui s'est faite entre les esprits actifs et diligents qui s'occupent de la propagande électorale.

Nous avons tous salué et remercié le Comité d'Action qui s'est imposé la charge matérielle de cette convocation si inopinée, si lourde. Nos amis ont pensé, avec la même clarté et la même résolution que nous, que du moment où nous fondions un grand parti, un comité d'action ne nous suffisait plus, il fallait opérer une novation, il fallait créer un organe nouveau du Congrès du parti radical et radical-socialiste, il fallait donner au Comité exécutif, sous le titre de Comité exécutif du parti radical et radical-socialiste français, la mission, non point de délibérer, mais d'agir, de créer, de se mettre à la disposition de tous les groupements, de tous les cercles, de faire fonctionner ce secrétariat central dont on attend tant de services, qui sera le véritable organe pratique destiné à faire sentir notre action dans toute la France.

Nous entrons maintenant dans les difficultés de constitution. Comment allons-nous composer ce Comité exécutif?

Il y a la question de personnes, d'individualités, la question d'énergie personnelle, et la question de catégories. Il y a des députés, des sénateurs, des publicistes, des conseillers généraux, des maires. Toute une codification se présente qui devra être examinée avec soin ultérieurement quand on réglera la Charte du parti. A l'heure actuelle, la question d'individualités, d'énergie est en première ligne, elle se rattache au mode d'élection. Allons-nous procéder encore — je demande toute la bienveillance du Congrès — à des élections en tenant compte des divergences de région, de nuances? J'entends très bien qu'aujourd'hui samedi, si nous pouvions nous dire : Demain dimanche, dans le courant de la journée, nous procéderons à une élection très régulière au scrutin de liste, après entente, après calcul de tous les équilibres nécessaires, — si nous pouvions agir ainsi, nous aurions fait une besogne très sage et très importante. Mais nous nous sommes tous demandés s'il est possible de vous demander de

mêler cette question d'élections qui doivent être faites avec soin
au débat que vous attendez tous, qui sera si vivifiant, sur les
principes, sur l'orientation du parti. Est-il possible de faire à la
fois demain, dans la même journée, cette discussion si importante au point de vue moral et intellectuel, et cette opération
d'élections qui recommencerait dans les mêmes conditions
qu'hier ?

Ceux d'entre vous qui sont clairvoyants ont certainement
aperçu la conclusion de la commission. La commission avait
un rôle difficile ; elle a vu qu'elle était présidée par le citoyen
Brisson, qu'elle avait comme vice-présidents les citoyens Pelletan et Léon Bourgeois, que notre ami Goblet fait partie de droit
de la commission et la présidera quand il voudra en vertu de
son droit d'ancienneté, qu'il y avait encore Maujan, Mesureur,
tous nos amis si actifs et si énergiques. Elle s'est rendu compte
que les groupes parlementaires ont réservé leur autonomie,
que le groupe radical et le groupe radical-socialiste sont là,
ainsi que la gauche démocratique du Sénat et le groupe radical-
socialiste du Conseil municipal de Paris, que nous avons le droit
et le devoir de les considérer comme des organisations toutes
faites, placées à côté de nous, qu'on peut faire appel à leurs
indications et à leur concours, de sorte qu'aucun membre du
Parlement inscrit à ces groupes ne peut être considéré comme
mis à l'écart au point de vue de l'action, de la direction et de
l'influence. (*Vifs applaudissements.*)

Fédérations départementales.

D'autre part, vous avez vous-mêmes, et avec raison, suivant
moi, voulu que les départements aient tous une représentation
au sein de la commission. Les délégués des départements à la
commission vont être chargés de mettre sur pied, dans leur
département, la fédération radicale et radicale-socialiste.

La commission a abouti à un texte que vous allez discuter en
pesant les raisons que je viens de donner. Elle a voulu éviter
les difficultés qu'amènerait une élection nouvelle, elle vous

demande de considérer que l'année que nous allons traverser est une année provisoire, transitoire, de préparation, de lutte extérieure, à laquelle il ne faut pas mêler trop de préoccupations de régularité ; elle estime que la commission que vous avez nommée peut recevoir par un vote très résolu, je l'appelais un vote de confiance, ces pouvoirs essentiellement transitoires et passagers, pour vous conduire jusqu'au prochain Congrès, pour vous aider à préparer dans l'intervalle les fédérations départementales, les cadres nécessaires pour les élections futures.

Au second Congrès, ayant pesé les conditions dans lesquelles doit être nommé et fonctionner le Comité exécutif du parti, vous serez en mesure de procéder à l'élection de ce comité, de décider s'il sera renouvelé partiellement, dans quelles proportions, quelle part y prendront les groupes parlementaires, les fédérations départementales, les corps élus, les municipalités, toutes questions que nous ne pouvons ni examiner ni trancher par un vote hâtif, dans les quelques heures qui nous restent avant l'expiration de ce Congrès.

J'aborde la question des voies et moyens. Ici encore vous entendez bien qu'une foule de difficultés de détail surgiraient si on voulait faire une œuvre d'ensemble irréprochable.

Les questions de cartes, de groupements, des fédérations départementales, des comités, loges, des adhérents individuels, les questions relatives au droit de délégation au prochain Congrès, au droit de représentation des délégués, toutes ces questions méritent d'être étudiées avec soin, et il ne faut les trancher que dans la mesure nécessaire pour qu'il y ait une caisse destinée à alimenter ce secrétariat central indispensable au fonctionnement du parti et dans la mesure où il faut une certaine fiscalité.

Cette fiscalité, nous l'avons envisagée sous trois points de vue :

D'abord fiscalité pour les groupes, pour les cotisations de groupe. Nous sommes allés au plus simple, nous avons pris ce qui a été fait cette année, nous avons dit que, pour débuter, nous ne demanderions qu'une somme de 10 francs à chaque groupe, par unité de loges, petites associations, etc., adhérant au parti.

Pour les adhérents individuels, comme le parti radical et radical-socialiste français veut être un parti démocratique dans le sens le plus complet du mot, qu'il veut recevoir l'impulsion, le conseil et l'indication des prolétaires les plus humbles et les plus modestes, comme il n'entend pas être un parti de classes mais qu'il a la prétention que les classes les plus nombreuses et les plus laborieuses viennent se fondre en lui avec les classes les plus fortunées, comme il veut que les plus humbles des citoyens français puissent participer à la mise en marche de cette organisation, nous avons proposé au Congrès de fixer à une somme de un franc seulement le prix de la carte de membre adhérent au parti, et nous avons décidé que cette carte serait transmise aux adhérents individuels par le groupement le plus voisin de leur domicile, de manière à assurer le recrutement, la propagande et l'action. (*Vifs applaudissements.*)

Enfin, de même que nous voulons faire appel à ces énergies populaires, à ces modestes cotisations qui sont, en quelque sorte, des cotisations de présence, nous voulons mettre auss- en application nos principes de liberté et d'initiative indivi- duelles, et il y a un troisième paragraphe qui vise les sous- criptions libres et volontaires de chaque adhérent au parti, en leur appliquant la belle formule de la Déclaration des Droits de l'homme, en raison de leurs facultés, et en nous en remet- tant à leur conscience du soin d'apprécier le montant de ces souscriptions. (*Très bien ! très bien !*)

Je suis arrivé au terme de mes explications. Je vais donner lecture des résolutions. Je suis persuadé que nos amis, qui ont fait des propositions et qui en retrouveront la trace dans les décisions présentées à l'Assemblée, ne demanderont pas un rapport spécial sur chacune d'elles :

Le premier Congrès du parti républicain radical et radi- cal-socialiste, en présence du court délai qui lui est imparti pour voter des statuts complets, et de la nécessité d'aboutir néanmoins à une organisation immédiate et pratique pouvant recevoir dans l'avenir tous les développements nécessaires,

Arrête les résolutions suivantes :

I. — Le parti républicain radical et radical-socialiste français réunit chaque année en un Congrès national les fédérations départementales, groupes, comités, associations, loges, membres individuels adhérents au parti.

Chaque Congrès désigne la ville où se réunira le Congrès suivant.

Le deuxième Congrès national aura lieu à Lyon, en 1902, après les élections générales.

II. — Les résolutions arrêtées par le Congrès annuel sont mises en œuvre par les soins d'un Comité exécutif central élu par le Congrès.

III. — Jusqu'au prochain Congrès, et pour compléter la formation dans les départements de l'ensemble des fédérations du parti, ainsi que la préparation de la propagande, le Congrès de 1901 décide que la commission déjà élue par lui sera le premier Comité exécutif.

Le prochain Congrès aura à son ordre du jour et réglera le mode de composition et d'élection du Comité exécutif, les fédérations départementales, groupes, comités, etc., étant dès à présent saisis de l'étude et de la préparation des articles organiques qui seront délibérés par le prochain Congrès.

IV. — Le Comité exécutif est chargé d'organiser le secrétariat administratif central et permanent dont le siège est à Paris, ainsi que la propagande dans les départements.

Chacun des délégués du Comité exécutif devra provoquer la formation de la fédération départementale qu'il représente, en convoquant les divers groupes démocratiques, comités, loges, sou des écoles, et autres organisations du département, et amener ainsi la formation du parti dans l'ensemble et sur tous les points dans les départements.

V. — Les ressources financières du parti sont fournies :

1o Par la cotisation annuelle de chaque unité de groupe, association, comité adhérent au parti. Cette cotisation sera de dix francs au moins par an ;

2o Des cotisations versées par les adhérents individuels qui recevront une carte individuelle après transmission et avis favorable de la fédération compétente, remise à l'adhérent par les soins du groupe le plus voisin.

Dans le cas où il n'y aurait pas dans le département de groupe constitué adhérent, l'ensemble des adhérents individuels formera la fédération départementale et désignera ses délégués au Congrès ;

3o Des souscriptions libres et volontaires versées par les adhérents du parti en raison de leurs facultés.

VI. — Le comité exécutif, chargé de veiller au développement du parti, à la propagande, à la formation du secrétariat général, soumettra chaque année au Congrès des rapports écrits exposant la marche générale de ses travaux dans l'année écoulée, les résultats obtenus et les propositions dont il croira devoir saisir le Congrès annuel.

Tel est, citoyens, l'ensemble des six résolutions qui peuvent nous permettre de nous mettre à l'œuvre dès demain. Il faut qu'une fois votre tâche accomplie, la répercussion en soit immédiate et se multiplie dans tous les départements ; il faut que, dès les jours qui suivront le Congrès, nous fassions partout des réunions, que nous nous adressions à ce peuple, que nous lui montrions la voie dans laquelle il doit entrer, que nous recueillions partout l'indication des concours qu'il demandera pour défendre la République, pour que les fonctionnaires ne nous combattent pas sournoisement (*Vifs applaudissements.*), en trahissant souvent même les indications et les volontés du gouvernement (*Nouveaux applaudissements.*), et il me suffirait de regarder, je puis bien le dire, n'importe quel banc de cette assemblée pour voir un visage qui me souligne, par son expression, l'application pratique et immédiate des paroles que je prononce.

Ayant accompli cette tâche, nous aurons trompé l'attente de nos adversaires. Ah ! ceux qui ont lu, comme moi, les petites communications que les correspondances de toutes sortes des adversaires de notre politique répandent dans les mille feuilles du pays, le savent bien : on prétendait que des radicaux-socialistes n'aboutiraient ni à se mettre d'accord sur les idées ni à s'entendre sur l'organisation sérieuse, pratique et positive du parti. Ce démenti, vous le donnez chaque jour, à chaque minute. J'espère que vous donnerez à votre commission, composée des délégués que vous savez, l'adhésion la plus complète, et que vous ruinerez ainsi les espérances de désordre et d'avortement qui étaient cachées dans le cœur des adversaires de la République. (*Applaudissements répétés et prolongés. — Acclamations.*)

M. Henri Brisson, président, prononce alors l'allocution suivante :

Allocution de M. HENRI BRISSON.

« Citoyens

« Je crois être l'interprète du Congrès tout entier en remerciant vivement le citoyen Hubbard du rapport et des propositions que l'Assemblée vient d'entendre. Les acclamations dont ce discours a été suivi prouvent que ce rapport répond complètement aux aspirations de tous les républicains réunis ici. (*Assentiment.*)

« Permettrez-vous à votre président de faire, au nom de républicains tout aussi sûrs qu'aucun de ceux qui siègent dans cette assemblée, une observation et une réserve d'ordre général ?

« Je pense qu'il faudrait profiter de ce que le titre du premier Congrès du parti républicain, radical et radical-socialiste, contient ces trois appellations, pour dire qu'il y a dans cette réunion, comme plus tard il y aura dans les travaux du Comité et du parti à créer, indépendance complète pour ces républicains qui, sans avoir jamais reçu ni pris l'épithète de radical ou de radical-socialiste, se sont joints avec honneur, avec indépendance, aux radicaux et aux radicaux-socialistes pour livrer la bataille qui se livre depuis deux années. (*Applaudissements.*)

« Je ne crois pas, en faisant cette observation, répondre seulement à une utilité parlementaire, je suis convaincu que c'est le sentiment de tout le pays. En ce qui concerne la lutte parlementaire, je dirai volontiers que ceux-là ont eu plus de mérite qui ne portaient ni l'épithète de radical ni celle de radical-socialiste, lorsqu'ils se sont joints à nous pour livrer du même cœur la même bataille contre nos ennemis communs. (*Nouveaux et vifs applaudissements.*)

« Oui, ils ont eu plus de mérite que nous, car ils ont eu à se séparer d'amis de la veille, passés malheureusement dans le camp des ralliés, et qui non seulement leur adressaient des sollicitations quotidiennes pour les attirer à eux, mais les couvraient de leurs sarcasmes et les criblaient de leurs attaques quand ces sollicitations avaient échoué. Ils ont eu à faire le plus dur des sacrifices ; et la preuve que ce ne sont pas seulement les groupes parlementaires qui en ont ressenti l'étendue, mais que le Congrès tout entier en a eu le sentiment, c'est que vous avez mis à côté de nous, au bureau, le citoyen Gustave Isambert à qui je suis heureux de voir aller vos acclamations. (*Applaudissements prolongés.*)

« Je suis ainsi autorisé à répéter ce que j'ai dit de son

indépendance, de l'indépendance de ses amis et de l'indépendance de leurs électeurs.

« Dans ce groupe que nous formons pour résister à nos adversaires, mon cher Isambert, vous serez notre allié, nous serons les vôtres ; nous serons plus que des alliés, plus que des amis, nous marcherons comme des frères à l'ennemi, et nous n'exigerons rien de vous parce que votre fidélité passée nous répond assez de votre fidélité à venir. (*Salve d'applaudissements.*)

« Nous dirons donc : Parti républicain, parti républicain-radical, parti républicain-radical-socialiste ; chacun conservant son autonomie et le droit de s'adresser à ses électeurs comme il l'entendra. » (*Assentiment unanime et applaudissements.*)

M. le Président donne une nouvelle lecture des résolutions.

M. le Président. — La plupart des membres du Congrès qui se trouvent autour du bureau et qui avaient d'abord demandé la parole me paraissent exprimer cette pensée que le bureau pourrait garder le droit de faire dans la rédaction une ou deux réserves indispensables, notamment d'insérer des virgules, points et virgules et points.

On me paraît être d'avis qu'un vote d'ensemble donnerait pour l'extérieur le spectacle de l'union que vous acclamiez à l'instant même et que ce vote immédiat aurait le plus grand retentissement dans le pays républicain (*Oui ! oui.*)

Je mets donc aux voix l'ensemble des résolutions proposées.

L'ensemble des résolutions est adopté au cri de : Vive la République ! (*Mouvement et acclamations prolongées.*)

Motions, vœux, propositions diverses.

Conformément aux conclusions du rapport de M. Klotz, député, le Congrès a approuvé de nombreux vœux relatifs à des réformes politiques, administratives, fiscales, judiciaires et sociales et a renvoyé à l'examen de la commission d'études et d'organisation les motions et projets de résolution tendant à l'organisation du Parti et les programmes politiques présentés par divers délégués et par des comités, loges maçonniques et conseils municipaux.

Le Congrès a en outre approuvé :

1º Le rapport de M. Gouzy, député, sur les mesures propres à limiter les frais d'élection et à assurer la liberté et la sincérité du vote ;

2º Le rapport de M. Bonnardot, sur la diminution indispensable des frais de justice ;

3º Le rapport de M. Albert Sarraut, sur un vœu insistant sur la nécessité pour les candidats du Parti de mettre d'accord leurs actes avec leurs promesses et de ne pas confier leurs enfants aux congréganistes ;

4º Les rapports de M. Beauquier, député, en faveur de la décentralisation et de l'arbitrage international ;

5º Le rapport de M. Durozoy, sur la nécessité d'épurer le personnel administratif et de protéger les fonctionnaires républicains ;

6º Le rapport de M. Andrieux, tendant à une admission progressive et raisonnée de la femme dans les affaires publiques et demandant pour la femme fonctionnaire le même traitement que pour l'homme.

La séance est levée à 6 h. 1/2 du soir.

Séance du dimanche 23 juin.

Présidence de M. Léon Bourgeois.

La séance est ouverte à 9 heures sous la présidence de M. Henri Brisson.

M. Léon Bourgeois, ancien Président du Conseil des Ministres, est nommé président par acclamations et à l'unanimité.

Sont nommés assesseurs : MM. Mesureur, vice-président de la Chambre; Isambert, député; Derivaux (de Bordeaux); Buisson, professeur à la Sorbonne.

MM. René Renoult et L. Bonnet sont maintenus dans les fonctions de secrétaires.

M. Léon Bourgeois prononce le discours suivant :

Discours de M. LÉON BOURGEOIS,

Ancien Président du Conseil des Ministres.

Mes chers Collègues,

Je vous dois tout d'abord le remerciement cordial et ému de celui que vous avez appelé à la présidence de la troisième séance de ce Congrès. Comme l'ont dit, avant moi, mes éminents amis et prédécesseurs, mes maîtres et mes chefs, MM. Goblet et Brisson, l'honneur que le parti républicain, radical et radical-socialiste fait à ceux qu'il appelle à présider ce Congrès est un des plus hauts, des plus émouvants qui puisse les toucher, c'est une marque de confiance et d'estime et c'est peut-être aussi une responsabilité que vous entendez leur donner. Nous avons été les uns et les autres, et je suis plus que les autres, sensibles à cette marque d'honneur et à cette offre de responsabilité. Encore une fois merci. (*Applaudissements.*)

Peut-être, en ce qui me touche, l'honneur est-il plus grand encore et la manifestation d'opinion plus significative. En effet, j'ai cette fortune singulière de n'être inscrit à aucun des groupes de la Chambre, je ne l'ai jamais été, ce qui n'empêche pas, je crois, et l'événement le prouve, d'être considéré comme des vôtres. (*Assentiment.*) Vous avez marqué par là qu'au-dessus des nuances qui peuvent nous distinguer, des groupements particuliers auxquels les nécessités de la tactique parlementaire nous obligent, il y a une pensée, un sentiment bien commun, vers lesquels nous nous portons tous et vers lesquels vous reconnaissez que tous ont le droit d'aller, même ceux qui ne sont inscrits à aucun groupe particulier. (*Nouveaux applaudissements.*)

Le bloc de la contre-révolution.

Cette union que vous manifestez ainsi, Goblet et Brisson vous l'ont dit, elle est nécessaire et vous avez reconnu cette nécessité par la manifestation éclatante qui s'est produite lors de l'élection de Brisson et des paroles émouvantes qu'il a adressées à Isambert.

C'est que l'attaque qui va se produire ou plutôt qui se produit déjà et qui, aux élections générales, se déchaînera contre la République, contre ses lois, contre ses institutions et, plus que tout cela, contre son esprit même, est plus dangereuse peut-être qu'aucune de celles dont elle a triomphé au 24 mai, au 16 mai, à l'époque du boulangisme. Une coalition s'est formée entre les républicains défaillants et les représentants plus ou moins avoués de tous les partis monarchiques, et cette coalition a recours à toutes les armes. Elle prétend défendre les intérêts menacés ; elle jette dans la lutte politique le nom sacré de la Patrie qui ne devrait jamais y tomber (*Vifs applaudissements*) ; elle exploite les sentiments à la fois les plus élevés et les plus généreux comme s'ils étaient son monopole et son privilège et comme s'ils n'appartenaient pas à tous les Français (*Longs applaudissements*) ; elle exploite en même temps les sentiments les plus mauvais et les plus bas, l'égoïsme et la peur. (*Applaudissements répétés et prolongés.*)

Vous le savez, derrière tous les noms qu'elle peut prendre, derrière tous les drapeaux qu'elle peut momentanément porter, il n'y a, en vérité, derrière cette coalition qu'une puissance qui s'agite et qui la mène, c'est la puissance cléricale que Brisson dénonçait hier à vos acclamations unanimes et enthousiast. (*Nouveaux et vifs applaudissements.*)

L'union des Républicains.

Eh bien ! en face de cette coalition, en face de ce bloc de la contre-révolution, il a paru nécessaire qu'une union se fît, s'affirmât non seulement par ce Congrès, mais par une organisation permanente et par une série d'actes.

Républicains sans épithète, républicains simplement fidèles au vieil esprit républicain, républicains radicaux et radicaux-socialistes, tous ceux qui s'inspirent de l'esprit de la Révolution française, tous ceux qui veulent la pensée libre, la justice et la paix sociale, se sont groupés et ont déclaré à la France républicaine tout entière que rien ne viendrait briser leur faisceau. (*Applaudissements prolongés.*)

Ils n'ignorent pas les nuances qui peuvent les distinguer ou les diviser sur certains points de leurs programmes. Respectueux de la liberté de chacun et de la souveraineté du suffrage universel, ils n'entendent s'imposer les uns aux autres aucun sacrifice : c'est une libre, tout à fait libre entente qui s'est établie entre eux. Mais ils savent qu'il y a des principes communs, des réformes communes sur lesquels leur sentiment est unanime, et c'est pour défendre ce patrimoine commun qu'ils se sont unis et ne se sépareront plus. (*Vifs applaudissements.*)

Les points sur lesquels ils sont d'accord, est-il bien difficile de les mettre en lumière? Chacune des manifestations de ce Congrès ne l'a-t-elle pas déjà fait?

Cléricaux et Nationalistes.

Je parlais du cléricalisme : le cléricalisme est plus que jamais l'ennemi. Je parlais de la coalition qui menace non seulement les lois et les institutions de la République, mais l'esprit même de la République, j'aurais dû dire l'esprit de la Révolution. C'est en effet contre l'esprit de la Révolusion tout entière qu'est dirigé le mouvement auquel nous assistons. Est-il besoin de retracer les manifestations que Brisson flétrissait hier, ces manifestations dans lesquelles on prêchait la violence, et non pas seulement la violence par paroles, mais la violence matérielle, la violence de fait contre des citoyens pour des raisons de croyance, de culte? Que dire de ce sentiment, de cet esprit qui poussent des Français du dix-neuvième siècle ou plutôt du vingtième siècle à crier en plein Paris : « Vive la Saint-Barthélemy ! »? N'est-ce pas l'esprit de la barbarie elle-même qui semble remonter du fond du passé à travers toutes les conquêtes de la science et menacer d'un seul coup toute la tolérance, toute l'humaine bonté que la philosophie et la Révolution semblaient avoir assurées définitivement au monde au cours du siècle qui vient de finir? Allons-nous donc retourner aux ténèbres, aux horreurs du moyen âge, au temps où se livrait dans les rues des villes, dans les ruelles des villages, à tous les coins des champs et des bois de ce pays, la guerre sanglante, la guerre religieuse, la plus abominable et la plus infâme de toutes les guerres? (*Longs applaudissements et acclamations prolongées.*)

Et malheureusement pouvons-nous oublier que cette déclaration de guerre à tous les principes de la société moderne n'est pas seulement formulée par des polémistes, par des journalistes sans mandat, mais encore par un parti organisé et que ce parti n'est pas seulement formé comme les autres au plein jour, par le moyen de la liberté de la presse, mais qu'il s'appuie sur une puissance établie, sur une puissance internationale, sur cette puissance qui a donné au monde, en face de la Déclaration des droits de l'homme, la déclaration du Syllabus? (*Applaudissements prolongés.*)

Oui, c'est bien le cléricalisme qui groupe contre la République toutes les tentatives, toutes les attaques. Le cléricalisme, disons-le très haut, n'est pas la religion, c'est une politique. (*Applaudissements*), c'est la pire, la plus détestable de toutes les politiques et contre celle-là nous dressons la nôtre, la politique de la pensée libre et de la tolérance. (*Nouveaux applaudissements.*)

Unissons-nous pour hâter par un effort continu l'éducation des esprits et des consciences, l'heure où de telles questions ne pourront même plus se poser, l'heure où le problème si grave des rapports entre les cultes et l'État sera définitivement résolu. Il n'est à nos yeux qu'une solution que la raison puisse considérer comme définitive, vous la connaissez : les églises libres dans l'Etat laïque souverain. (*Applaudissements*.) Il faut nous orienter nettement vers ce but ; nous savons tous quelles difficultés offre ce problème ; nous savons tous que, même après ce vote de la loi des associations dont je suis heureux que nous ayons aujourd'hui même l'occasion de remercier et de féliciter la majorité républicaine du Sénat (*Salve d'applaudissements*), nous savons qu'il y a bien des mesures à prendre, bien des précautions nécessaires. Mais il ne faut point se lasser ; et par une propagande incessante nous rendrons prochain le moment où cette solution définitive, conforme à la véritable liberté, étrangère à tout esprit de persécution, conforme à l'esprit de tolérance réciproque, s'imposera enfin à notre pays. (*Nouveaux applaudissements*.)

Qu'y a-t-il, sinon une poussée du cléricalisme lui-même derrière ce mouvement qu'on a appelé le nationalisme ? Je disais tout à l'heure que le cléricalisme n'est pas la religion ; le nationalisme n'est pas plus la foi patriotique que le cléricalisme n'est la foi religieuse. (*Assentiment unanime et applaudissements*.) Qui donc en 1870 comme en 1792, après les désastres et les trahisons, a ressaisi et relevé le drapeau de la Patrie, sinon ceux qu'en 1792 on appelait les patriotes, c'est-à-dire les républicains ? (*Applaudissements*.) et qui donc peut contester que les républicains sont précisément ceux qui, à plusieurs reprises, dans l'histoire tragique de notre pays, après que la monarchie avait compromis l'honneur et laissé envahir le territoire, ont essayé de sauver l'un et en tout cas ont sauvé l'autre ? (*Longs applaudissements*.)

Patriotes et Républicains.

Patriotes et républicains, il faut que ces deux noms,

comme en 1792, soient synonymes. On parle de l'armée, on prétend la défendre contre nous. Est-il besoin de rappeler que, depuis trente années, les majorités républicaines qui se sont succédé dans les Chambres n'ont pas eu de souci plus constant, de tâche plus impérieuse et plus passionnément accomplie que de voter sans relâche toutes les dépenses nécessaires à la défense nationale. Faut-il rappeler ce qu'était notre armée quand la République est née et ce qu'elle est aujourd'hui ? Faut-il rappeler ce qui restait des légions de Varus et ce qu'est aujourd'hui la grande armée nationale qui réunit sur tous les points du territoire tous les enfants de la France? Cette œuvre, faite par la République, ne suffit-elle pas à répondre à ses adversaires? Disons hautement que c'est précisément parce que nous voulons l'armée forte, l'armée puissante, l'armée prête à toute sa tâche, que nous voulons l'écarter de toutes les discussions, de toutes les passions politiques, que nous entendons qu'elle soit, comme le disait un jour un général commandant de corps, « étrangère à tous les bruits du dehors », qu'elle soit enfermée dans sa tâche professionnelle et spéciale, qui est assez grande et assez haute pour occuper l'esprit et l'activité des plus intelligents et des plus actifs.

C'est bien ainsi que le veulent avec nous ses chefs les meilleurs. Écoutez ce que disait, il y a quelques jours, le commandant du 7ᵉ corps, en présentant le corps de ses officiers au ministre de la guerre :

« L'armée est fière d'être commandée par un ministre tel que vous, » disait-il au général André. (*Double salve d'applaudissements et longue acclamation, cris : « Vive André ! »*)

Ces applaudissements, mes chers amis, seront entendus. Je suis sûr que le ministre de la guerre sera très heureux que les témoignages d'affection, de respect et de confiance des chefs de notre armée lui soient, aujourd'hui, renvoyés par le Congrès républicain. (*Applaudissements.*)

« L'armée est fière d'être commandée par un ministre tel que vous et je vous donne, au nom des officiers du 7e corps, l'assurance que nos officiers et nos soldats comprennent comme vous l'avez dit leurs devoirs envers la France et la République. Il serait criminel de vouloir séparer l'armée et la nation françaises, car ce serait vouloir ruiner les qualités nécessaires à la défense nationale, la discipline et la confiance... » (*Applaudissements.*)

Et il ajoutait : « Monsieur le ministre, vous pouvez compter sur le 7e corps d'armée comme sur les autres pour la défense de la Patrie et de la République. Pour nous, tous les citoyens sont soldats et tous les soldats sont des citoyens. » (*Applaudissements.*)

C'est bien là notre pensée et nous sommes heureux d'en trouver une expression si ferme et si claire dans la bouche de l'un des chefs les plus éminents de notre armée. Si nous cherchons à introduire certaines réformes que nous croyons nécessaires dans l'organisation militaire de la France, si nous voulons la suppression des dispenses, l'égalité du service réduit à deux ans, qu'est-ce à dire sinon que nous voulons précisément rendre encore plus étroite et plus immédiate l'union entre l'armée et la nation, de façon que la fusion y soit plus complète, que toute distinction de classe ou de catégorie y disparaisse, de façon que l'armée soit bien l'image de la Patrie républicaine, c'est-à-dire la nation tout entière prête à tous ses devoirs comme elle est maîtresse de tous ses droits, le peuple tout entier toujours prêt à se lever, dans un élan commun, dans une commune discipline, pour la défense de l'honneur et des frontières de la Patrie. (*Vifs applaudissements.*)

Saluons ces chefs qui ont comme nous au cœur cette

noble image de l'armée républicaine et mettons en eux notre confiance; ils sauront désormais répondre aux entreprises de ceux que vous savez.

Mais il ne nous suffit pas d'assurer la défense de la République, de ses institutions et de ses lois contre les ennemis dont nous venons de rappeler les entreprises, nous savons bien qu'il y a autre chose à faire pour que notre tâche soit accomplie.

Les réformes fiscales et sociales.

Nous sommes unis pour la défense et pour l'action. Cette action, il faut la porter nettement non seulement sur le terrain politique, mais sur le terrain qui de plus en plus deviendra le terrain des discussions passionnées des peuples, sur le terrain des questions fiscales, économiques et sociales. (*Salve d'applaudissements.*) Là, les débats seront plus difficiles, l'incertitude règne encore et bien des solutions différentes sont et seront proposées. Mais ce qu'il importe de voir clairement, c'est le but à atteindre et la méthode à suivre pour y parvenir.

Lorsque nous assistons à la transformation prodigieuse que les développements de la science et l'accumulation des capitaux font chaque jour subir au régime de l'industrie, lorsque nous mesurons la puissance grandissante de ces accumulations de capitaux, telle qu'aujourd'hui, dans le nouveau monde, par exemple, il y a des *rois de la finance*, comme dans l'ancien monde il y avait des rois de l'hérédité et de la guerre, si bien que par ce même mot et par les souvenirs qu'il éveille il semble qu'une servitude nouvelle s'apprête à naître dans le monde et à y remplacer l'ancienne servitude (*Double salve d'applaudissements et acclamations*), lorsqu'en face de cette toute-puissance on aperçoit la faiblesse et l'isolement du travailleur — et j'entends par là non seulement l'ouvrier qui tous les jours cherche péniblement à gagner son salaire, mais le petit commerçant, le petit boutiquier, le petit cultivateur, le petit rentier, le petit retraité, c'est-à-dire ceux qui ne peuvent participer aux habiletés de l'agiotage et aux rapacités de la spéculation (*Applaudissements répétés et prolongés*), on se demande en vérité si l'on a le droit de rester inactif et indifférent et si la société n'a, suivant la formule célèbre et classique des économistes, qu'à *laisser faire.* (*Très bien!*) Non, nous n'avons pas le droit de laisser faire. (*Applaudissements.*)

La propriété individuelle

Oh! je connais bien, et vous lisez tous les jours depuis la réunion du Congrès les accusations que l'affirmation de cette pensée peut faire naître contre nous. Hier soir, je lisais dans un grand journal grave et bien informé (*Sourires.*) qui rendait compte de notre Congrès et critiquait avec un certain dédain les discours de nos orateurs et les manifestations de notre assemblée, que nous étions de plus en plus les prisonniers des collectivistes et que nous n'osions même pas nous prononcer sur la question de la propriété individuelle. (*Exclamations et rires.*)

Nous sommes tous, je crois, bien à l'aise pour nous prononcer sur cette question de la propriété individuelle. Déjà d'autres ici l'ont dit et je le redis à mon tour : La propriété individuelle nous paraît être la garantie nécessaire de la liberté, de la dignité et de l'activité humaines. (*Vifs applaudissements.*) Nous n'entendons laisser à personne le privilège de la défendre et nous croyons mieux la défendre que certains autres en la défendant précisément par les réformes sociales que nous voulons réaliser. (*Assentiment et applaudissements.*)

Je me rappelle une boutade que, dans la commission du

Congrès, hier ou avant-hier, notre ami Pelletan nous faisait entendre à propos du collectivisme. Il disait : « La société collectiviste, l'hypothèse collectiviste, je ne sais pas exactement ce que c'est et surtout je ne vois pas très bien comment on pourrait arriver à la réaliser, mais ce que je sais bien, c'est que si on la réalisait comme on nous la décrit, je serais le premier à m'en évader. » (*Rires et applaudissements.*)

Eh bien! c'est à ceux qui redoutent le collectivisme que je m'adresse et que je dis : Voulez-vous pousser au collectivisme les masses populaires, c'est bien simple : laissez faire. (*Vifs applaudissements.*) Laissez l'ouvrier, le travailleur seul devant les puissances accumulées de la finance, seul avec ses outils, avec ses bras, devant cette armée prodigieuse de l'argent qui s'accroît tous les jours. Au moment où vous voyez grandir de l'autre côté de l'Atlantique ce nuage noir formidable des *trusts* qui semble faire pâlir la lumière de la liberté humaine et qui projette déjà son ombre sur les rives de l'ancien monde; dans ce froid qui augmente et se fait sentir chaque jour davantage, laissez le travailleur faible, isolé, sans appui et sans aide sociale, savez-vous où il ira? Il ira à la révolte, à la violence, aux chimères. (*Applaudissements prolongés.*)

La solidarité sociale.

Dites-lui au contraire qu'il y a un devoir social de tous envers tous, dites-lui que la société doit être composée de membres libres, d'associés égaux en droit et fraternellement unis; dites-lui que lorsqu'un d'entre eux succombe, il doit être relevé par l'aide de tous; dites-lui que celui qui travaille doit être protégé contre les risques qui le menacent, et ainsi aidé, arriver à faire sortir de son travail sa petite propriété particulière; qu'il faut, par suite, autour de chacun, un ensemble d'organisations de prévoyance et d'assurance par lesquelles tous les risques sociaux seront à l'avenir prévenus et réparés ; dites-lui que dans la lutte qu'il soutient pour la vie, la société entend établir dans la mesure du possible les conditions de la justice ; que, par exemple, l'impôt ne doit plus être une lourde charge pour les plus faibles et un poids léger pour les plus forts ; dites-lui que la réforme fiscale entreprise doit être énergiquement poursuivie ; qu'on introduira dans les impôts directs cette progression déjà réalisée pour les successions et qui frappera véritablement tous les revenus du capital, allégera les revenus du travail, demandera davantage au superflu, moins à l'utile et rien au nécessaire, à l'indispensable (*Applaudissements.*) : dites-lui qu'ainsi sera soulagé le petit travailleur, afin qu'il porte plus aisément son fardeau et monte plus allégrement la côte jusqu'à ce palier où l'homme, enfin, peut se reposer de ses travaux ; dites-lui que nous ne nous lasserons pas avant que soit établie la Caisse générale des retraites pour les travailleurs, que l'épargne et que le travail seront protégés par des lois contre les accaparements et les monopoles particuliers. (*Vifs applaudissements.*) Dites-lui que voilà la notion que nous avons du régime fiscal d'une République ; dites-lui que nous voulons la défense de sa liberté, de sa dignité, de son activité, c'est-à-dire les trois termes dont la propriété individuelle est l'expression résumée en un seul mot : dites-lui tout cela, et vous verrez qu'il n'ira pas courir vers l'hypothèse collectiviste, que, comme le paysan propriétaire, il restera fidèle à sa petite glèbe et n'aura qu'un souci, celui de défendre ce bien légitimement acquis, celui-là, par son travail et non pas par les procédés louches que nous flétrissions tout à l'heure. Et si, à ce moment, il venait des esprits de trouble ou de révolution pour lui demander compte de ce qu'il possède, il répondrait : Je l'ai bien gagné, ce bien-là. (*Double salve d'applaudissements.*) Je l'ai gagné dans ma liberté et dans mon honnêteté, et je saurai le défendre contre tous. Ou plutôt, croyez-le bien, personne ne viendra le lui demander, parce que c'est un mot que j'ai dit autrefois et que je vous demande la permission de rappeler . L'ordre véritable ne règne pas toujours quand la paix est dans la rue, mais l'ordre véritable règne quand la paix est dans les consciences. (*Applaudissements répétés. Longues acclamations.*)

Voilà ce que nous répondons à ceux qui nous accusent, et, pour tout résumer d'un mot, je dirai volontiers à ce bloc des contre-révolutionnaires que nous combattons et qui se décore dans un autre grand journal de Paris du nom d'*Association des conservateurs sociaux* (*Exclamations et rires.*), je dirai que le véritable parti de la conservation sociale c'est le nôtre, parce qu'il n'y a qu'une manière de conserver la société, c'est d'y conserver la paix sociale, et qu'une manière d'y conserver la paix sociale, c'est d'y assurer la justice pour tous les citoyens. (*Vifs applaudissements.*)

Je me résume en quelques mots. Marchons unis contre le cléricalisme qui ne peut nous conduire qu'à la discorde et à la guerre religieuse, contre le césarisme qui, sur les ruines de la liberté politique, ne peut mener une fois encore qu'à la ruine de la Patrie, contre cet égoïsme aveugle et imbécile qui voudrait laisser à ces grandes puissances financières le droit d'achever la conquête économique du monde au détriment de la dignité et de la liberté de tous. Contre tous ceux-là formons et maintenons sans distinction et sans étiquette particulière ce grand parti que je voudrais voir appeler simplement le grand parti démocratique français, le grand parti de la solidarité républicaine et sociale ce grand parti nettement orienté vers l'avenir et qui sait bien que la France ne sera grande et puissante que si tous ses enfants sont unis par une conscience commune, et que la paix ne sera faite dans la société que si tous les associés sont unis par un lien de justice commune et de solidarité librement consentie. (*Double salve d'applaudissements prolongés. Longues acclamations et cris de : « Vive la République, vive Bourgeois ! »*)

Vote d'adresses.

Sur la proposition de nombreux délégués, le Congrès vote à l'unanimité :

1o Une adresse de remerciements au comité d'organisation du Congrès ;

2o Une adresse de félicitations à M. Magnaud, président du tribunal de Château-Thierry ;

3o Une adresse de sympathies à M. Ranc, empêché d'assister au Congrès ;

4o L'adresse suivante à M. Loubet, Président de la République :

« Les membres du Congrès radical et radical-socialiste adressent leurs respectueuses félicitations à M. le Président de la République. »

5o L'adresse suivante au gouvernement de la République :

« Les membres du Congrès du parti républicain, radical et radical-socialiste, réunis à l'Hôtel des Sociétés Savantes le 23 juin, tiennent, avant leur séparation, à adresser leurs félicitations au Ministère de défense et d'action républicaines pour les services qu'il a rendus à la République, et l'invitent à continuer énergiquement la lutte engagée contre la réaction et à poursuivre la réalisation des réformes démocratiques et sociales. »

Le Congrès approuve le rapport présenté par M. le docteur Le Plé (de Rouen) au nom de la commission de comptabilité.

DÉCLARATION

DU PARTI

RÉPUBLICAIN, RADICAL ET RADICAL-SOCIALISTE

Au nom de la commission d'organisation du Parti, M. Camille Pelletan, député, rapporteur général des travaux de cette commission, donne lecture de la déclaration suivante :

La première pensée d'un Congrès républicain devait être une pensée d'union contre l'ennemi commun. C'est elle qui s'est imposée à toute la démocratie contre les complots à ciel ouvert et les menées de coups d'Etat.

C'est elle qui nous a réunis dans cette enceinte dont elle dépasse largement les murs, car elle groupe tous les fils de la Révolution, quelles que soient leurs divergences, en face de tous les hommes de contre-révolution, grossis des complices qu'ils ont trouvés dans les rangs de nos anciens amis.

Contre cet accord, qu'on ne rompra pas, les uns ont osé se faire un prétexte de leur sollicitude pour la Patrie et l'armée, comme si pour de nobles causes les héritiers des émigrés de 92 avaient des leçons à donner aux descendants des soldats de Valmy et de Quiberon. Les autres, pour excuser leur défection, dénoncent un mélange d'éléments inconciliables dans l'effort qui réunit les républicains les plus modérés aux socialistes les plus ardents, comme si une pareille alliance ne s'était pas renouée à toutes les heures du péril dans les grandes journées de 1830 et de février 1848 comme devant l'Ordre moral, le 16 Mai et le Boulangisme.

On n'égarera pas le bon sens public. Dans l'armée démocratique, chaque bataillon conserve son action et son programme distinct, tous marchent serrés les uns contre les autres pour la défense de la République. Mais une politique de défense passive peut-elle suffire? La France veut une œuvre plus hardie et plus vaste. La meilleure façon de défendre la République, c'est de la rendre républicaine.

La plupart des réformes promises attendent encore. Leur heure devrait avoir sonné depuis longtemps, on ne peut plus la retarder. Ce sont d'abord celles qui visent le cléricalisme. La loi contre les congrégations est déjà faite. Le pays compte qu'elle sera apliquée sans faiblesse. Il l'exigerait si c'était nécessaire. La lutte est ouverte, il faudra aller jusqu'au bout. La loi Falloux a été forgée pour livrer la France aux jésuites, il faut achever de l'abroger. Nul ne peut considérer comme une institution républicaine le pacte d'alliance conclu contre la liberté entre le pontificat romain et la dictature napoléonienne renaissante. Nous ne pouvons avoir entre nous de divergences que sur le moment où il sera déchiré : le suffrage universel décidera.

Un autre péril grandit de jour en jour dans tous les pays. C'est le pouvoir que prennent dans les mains de la haute spéculation la concentration et le maniement des grands capitaux. Il faut préserver de leur domination croissante les intérêts généraux du pays, la liberté et la fortune de tous, tant par une législation enfin appliquée contre les manœuvres d'agiotage que par les mesures législatives faisant rentrer dans le domaine de l'État certains monopoles et services publics au fur et à mesure que l'exigeront les intérêts de la défense nationale et de la production agricole et industrielle.

Les réformes sociales s'imposent entre toutes aux préoccupations des sociétés modernes. Ce qui nous sépare à cet égard des socialistes collectivistes, c'est notre attachement passionné au principe de la propriété individuelle, dont nous ne voulons ni commencer ni même préparer la suppression. (*Vifs applaudissements.*) Mais précisément parce que ce principe repose tout entier sur le droit inviolable de la personne humaine au produit de son travail, nous n'entendons le céder à personne quand il s'agira non seulement d'assurer dans des conditions pratiques les retraites de la vieillesse, mais encore d'empêcher que la grande exploitation industrielle ne prenne le caractère d'une féodalité nouvelle et de hâter l'évolution pacifique par laquelle le travailleur aura la propriété de son outil, la légitime rémunération de son travail.

Les réformes fiscales ne sont pas moins urgentes. Notre système d'impôts reste léger aux riches, lourd aux pauvres, pesant surtout sur la masse des cultivateurs qui forment la majorité et la force du pays. Nous voulons avant tout l'établissement de cet impôt progressif sur le revenu qui décharge tous les travailleurs et qui sera particulièrement le grand dégrèvement des villages. Nous voulons, d'une façon générale, la refonte de ce système vieilli, notamment la réforme de la contribution foncière et de taxes qui immobilisent la propriété rurale. Ajoutez une véritable égalité devant le service militaire réduit à deux ans. Voilà les grandes lignes du programme.

Pour sa réalisation nous attendons tout du suffrage universel mis en pleine possession de lui-même et de son autorité légitime à la fois par les mesures nécessaires, soit pour affranchir de toutes les pressions la liberté des votants les plus humbles, soit pour mettre un terme à la honte des élections d'argent, et par les remaniements constitutionnels qui assureront la plénitude de sa souveraineté.

Mais il faut autre chose à la démocratie pour qu'elle sente tout à fait à sa tête un gouvernement vraiment républicain. C'est du train quotidien des choses, du choix des fonctionnaires, du poids des influences locales, des mille questions de détail qu'un gouvernement traverse tous les jours que se dégage l'impression décisive pour la grande majorité du pays.

Comment ne découragerait-on pas les masses profondes de la démocratie, les millions d'inconnus dont le dévouement n'a jamais manqué à notre cause, dont le courage a résisté à toutes les persécutions et qui sont, plus encore que les politiques les plus illustres, les véritables fondateurs de la République, s'ils voyaient indéfiniment les intérêts réactionnaires aussi puissants sur les ministres qu'ils ont portés au pouvoir que sur ceux qui les traquaient la veille ?

La France républicaine n'est plus disposée à tolérer qu'un gouvernement, si bien intentionné qu'il soit, se laisse envelopper par les influences qu'il avait mission de détruire et commence par se faire trahir par ses bureaux pour finir par se faire dominer par eux.

Ces revendications sont celles que la démocratie n'a cessé de faire entendre. Il y a longtemps qu'on tient un pareil langage, sans que jusqu'ici les résultats aient répondu à l'attente du pays. Un sentiment très énergique se dégage de la foule de bons citoyens venus ici de tous les points de la France. C'est qu'il est indispensable d'en finir avec les atermoiements. (*Vifs applaudissements.*) Nous ne cherchons pas ici quelles ont été les causes qui les ont motivés. Notre tâche est non de récriminer sur le passé, mais de regarder l'avenir. Il faut que l'ère des ajournements soit close. L'ère des résolutions doit s'ouvrir.

C'est ce que le suffrage universel exigera, et alors l'union des républicains de toutes nuances contre le cléricalisme, contre les entreprises césariennes, contre les pouvoirs d'argent pour la cause de la justice sociale, cette union dont ce Congrès a été une si éclatante affirmation, sera féconde pour la République et pour la Patrie. (*Applaudissements prolongés.*)

M. LE PRÉSIDENT. — Il me semble que le Congrès sera unanime à vouloir immédiatement, sans débat, par une véritable acclamation, donner son approbation au rapport et aux declarations de notre ami Pelletan.

Tous les membres du Congrès se lèvent. (*Longues acclamations et cris : Vive la République !*)

M. LE PRÉSIDENT. — La tâche du Congrès est terminée. Nous devons rester sur cette impression d'unanimité réconfortante.

Je vous demande simplement la permission de remercier en votre nom la presse qui a suivi nos travaux, la presse radicale et radicale-socialiste qui nous a ouvert si largement ses colonnes et qui a assuré la publicité de nos dé libérations. (*Applaudissements.*)

Nous devons aussi remercier le personnel très dévoué qui a eu à préparer la tâche matérielle de l'organisation du Congrès. Il a fait preuve d'un dévouement dont nous devons lui être reconnaissants. (*Nouveaux applaudissements.*)

M. le Président déclare que le Congrès est terminé et lève la séance au cri de : *Vive la République !*

Tous les délégués, debout à leurs places, poussent des acclamations enthousiastes en l'honneur de la République et chantent la *Marseillaise.*

Les secrétaires du Congrès ont transmis à M. Émile Loubet, Président de la République, et à M. Waldeck-Rousseau, Ministre de l'Intérieur, Président du Conseil des Ministres, les adresses que leur ont votées le Congrès.

Réponse de M. ÉMILE LOUBET,

Président de la République.

Voici la réponse faite au nom de M. Loubet, par M. le général Dubois, secrétaire général de la Présidence de la République :

« Paris, le 29 juin 1901.

« Monsieur le Secrétaire du Congrès radical et radical-socialiste,

« M. le Président de la République a pris connaissance de l'adresse de félicitations que vous avez bien voulu lui faire parvenir au nom des membres du Congrès radical et radical-socialiste.

« M. le Président a été très touché de cette attention et me charge de vous transmettre tous ses remerciments pour vos sympathies et vos dévouements républicains.

« Veuillez agréer, etc...

« *Le Général,*
« *Secrétaire Général de la Présidence de la République,*

« *Signé :* Dubois. »

Réponse de M. Waldeck-Rousseau

Ministre de l'Intérieur,
Président du Conseil des Ministres.

Voici la réponse faite au nom de M. Waldeck-Rousseau par M. Demagny, conseiller d'État, secrétaire général du Ministère de l'Intérieur :

« Paris, le 5 juillet 1901.

« Monsieur le Secrétaire du Congrès radical et radical-socialiste,

« Vous avez bien voulu, par lettre en date du 26 juin dernier, me faire parvenir le texte de l'adresse de félicitations votée, à l'unanimité, par le Congrès radical et radical-socialiste dans sa séance de clôture, tenue le 23 juin.

« Je vous prie, Monsieur le Secrétaire, d'agréer et de faire agréer aux promoteurs de cette adresse les meilleurs remerciements du gouvernement, qui a été très touché de ce témoignage de sympathie.

« Agréez, etc.

« Pour le Président du Conseil des ministres,
Ministre de l'Intérieur et des Cultes,
Le conseiller d'État, secrétaire général,
« Signé : E. DEMAGNY. »

PRIX DE CETTE BROCHURE

CINQ francs le cent, port en sus

On trouvera cette brochure au siège de toutes les associations adhérentes au Parti républicain, radical et radical-socialiste.

S'adresser pour les commandes au siège du Comité exécutif du Parti républicain, radical et radical-socialiste, 62, rue Tiquetonne, à Paris.

Imp. E. Charaire, à Sceaux.

24

www.ingramcontent.com/pod-product-compliance
Lightning Source LLC
Chambersburg PA
CBHW051717050726
47598CB00003B/940